L'Alphabet du bon citoyen

&

Abrégé de l'Histoire du monde

DU MÊME AUTEUR
AUX ÉDITIONS ALLIA

Éloge de l'oisiveté

BERTRAND RUSSELL
&
FRANCISZKA THEMERSON

L'Alphabet du bon citoyen & Abrégé de l'Histoire du monde

Traduit de l'anglais par
LIONEL MENASCHÉ

IDEM • VELLE
AC • IDEM • NOLLE

ÉDITIONS ALLIA
16, RUE CHARLEMAGNE, PARIS IVe
2011

TITRE ORIGINAL
The Good Citizen's Alphabet
&
History of the World in Epitome

The Good Citizen's Alphabet & History of the World in Epitome a été publié pour la première fois par Gaberbocchus Press, Londres, 1962. www.gaberbocchus.nl

PRÉSENTATION DE L'ÉDITEUR

LE 13 décembre 1952, Bertrand Russell adressait son manuscrit de *L'Alphabet du bon citoyen* à Stefan Themerson : "Ce que je vous envoie n'a pas d'autre but que l'amusement. J'imagine déjà les charmantes illustrations que pourrait dessiner Mrs Themerson."

L'éditeur, enthousiasmé, commença à en programmer la publication pour le printemps suivant, et demanda à Russell quelles étaient ses conditions. "Vous me demandez mes conditions, répondit le philosophe, je comptais vous offrir mon alphabet pour Noël. Si cela vous convient, j'aime autant qu'il en soit ainsi. Je me garderais bien de réclamer des droits d'auteur sur ce qui risque de ne pas être une affaire très rentable."

"J'accepte *L'Alphabet* comme un cadeau de Noël de votre part, écrivit Themerson. J'essaie de vaincre mon embarras et de recevoir votre présent avec autant de simplicité que vous me l'offrez."

Le livre fut décrit comme une incursion dans le domaine de l'humour noir. Selon le *Dublin Magazine*, "l'abécédaire de Bertrand Russell est conçu pour préparer la jeunesse à affronter notre monde utilitariste et sans pitié".

Trois éditions de *L'Alphabet du bon citoyen* virent le jour chez Gaberbocchus Press : en 1953, le 1er avril, une édition reliée toile, ainsi qu'une édition de luxe tirée à 100 exemplaires sur du papier artisanal ; puis, en 1970, une petite édition de poche en noir et blanc qui comprenait un *Abrégé de l'Histoire du monde (à l'usage des écoliers de la planète Mars)*, texte publié pour la première fois le 18 mai 1962, à l'occasion du quatre-vingt-dixième anniversaire de son auteur.

PRÉFACE

LE présent volume a pour vocation de combler une lacune dont notre système éducatif est entaché de longue date. Les personnes ayant la plus grande expérience des toutes premières étapes du processus pédagogique ont été obligées de conclure que, dans de très nombreux cas, beaucoup de complications inutiles et d'heures de cours gaspillées, alors qu'on aurait pu l'éviter, s'expliquaient par le fait que l'ABC, cette clé de toute sagesse, n'était pas présenté d'une manière assez attrayante pour les esprits immatures à qui nous avons malheureusement le devoir de nous adresser. Cet ouvrage, si restreinte en soit l'étendue et si modeste en soit la visée, répond exactement, nous le croyons et nous l'espérons, au besoin d'édification de l'esprit d'un enfant au stade de l'éveil, confronté aux dangers de notre époque. Ce que nous avançons repose sur des preuves concrètes. Nous avons essayé notre alphabet sur de nombreux sujets. Certains l'ont jugé sage, d'autres stupide. Certains l'ont considéré honnête, d'autres ont pu le trouver subversif. Mais – nous le disons avec la confiance la plus complète et la plus absolue – tous ceux à qui nous avons montré ce livre ont eu, depuis lors, une connaissance impeccable de l'alphabet. C'est pourquoi nous sommes convaincus que, dès la seconde où elles prendront connaissance de cet ouvrage, nos autorités éducatives donneront immédiatement l'ordre de l'adopter dans toutes les institutions scolaires où sont inculqués les premiers éléments d'alphabétisation.

17 janvier 1953, B.R.

A

ASININE – What *you* think.
ÂNERIE – Ce que *vous* pensez.

B

BOLSHEVIK – Anyone whose opinion I disagree with.
BOLCHEVIK – Quiconque a une opinion différente de la mienne.

C

CHRISTIAN – Contrary to the Gospels.
CHRÉTIEN – Contraire aux Évangiles.

D

DIABOLIC – Liable to diminish the income of the rich.
DIABOLIQUE – Susceptible de moins enrichir les nantis.

E

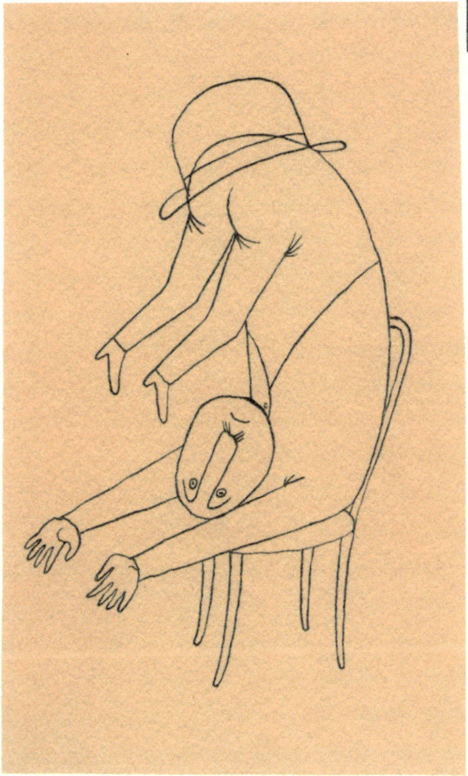

ERRONEOUS – Capable of being proved true.
ERRONÉ – Ce qui peut être démontré comme vrai.

F

FOOLISH – Disliked by the police.
FOU – Détesté par la police.

G

GREEDY – Wanting something I have and you haven't.
ENVIEUX – Vouloir quelque chose que je possède et que vous n'avez pas.

H

HOLY – Maintened by fools for centuries. See : IGNORANT.
SACRÉ – Perpétué par des idiots depuis des siècles. Voir : IGNORANT.

I

IGNORANT – Not holy.
IGNORANT – Pas sacré.

J

JOLLY – The downfall of our enemies.
JOYEUX – Le déclin de nos ennemis.

KNOWLEDGE – What Archbishops do not doubt.
CONNAISSANCE – Ce qui est certain pour les Archevêques.

L

LIBERTY – The right to obey the police.
LIBERTÉ – Le droit d'obéir à la police.

M

MYSTERY – What I understand and you don't.
MYSTÈRE – Ce que moi je comprends et pas vous.

N

NINCOMPOOP – A person who serves mankind in ways for wich they are not grateful.

NIGAUD – Quelqu'un qui sert l'humanité d'une façon qui ne lui vaut aucune reconnaissance.

OBJECTIVE – A delusion wich other lunatics share.
OBJECTIF – Une illusion partagée avec d'autres fous.

P

PEDANT – A man who likes his statements to be true.
PÉDANT – Un homme attaché à ce que ses affirmations soient justes.

Q

QUEER – Basing opinions on evidence.
BIZARRE – Fonder son opinion sur des faits.

R

RATIONNAL – Not basing opinions on evidence.
RATIONNEL – Ne pas fonder son opinion sur des faits.

S

SACRIFICE – Accepting the burdens of a great position.
SACRIFICE – Accepter le fardeau d'une haute situation.

T

TRUE – What passes the examiners.
VRAI – Ce que l'examen atteste.

U

UNFAIR – Advantageous to the other party.
INJUSTE – Avantageux pour la partie adverse.

V

VIRTUE – Submission to the government.
VERTU – Soumission au gouvernement.

W

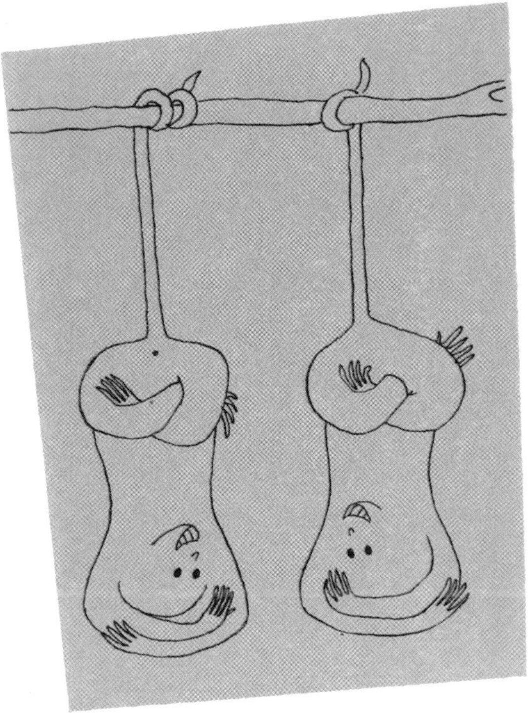

WISDOM – The opinions of our ancestors.
SAGESSE – Les opinions de nos ancêtres.

X

XENOPHOBIA – The Andorran opinion that the inhabitants of Andorra are the best.

XÉNOPHOBIE – Conviction des Andorrans selon laquelle les habitants d'Andorre sont les meilleurs.

Y

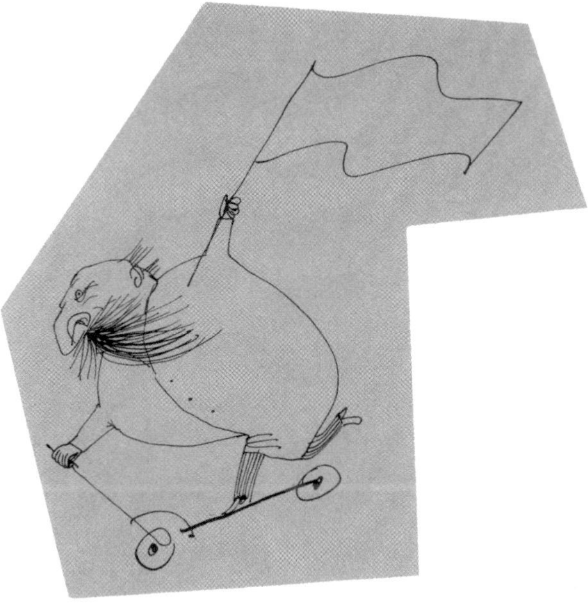

YOUTH – What happens to the old when in a movement.
JEUNESSE – Effet du dynamisme sur les personnes âgées.

ZEAL – See stool pigeon.
ZÈLE – Voir mouchard.

Bertrand Russell

HISTORY OF THE WORLD

in epitome

For use in Martian infant schools

ABRÉGÉ DE L'HISTOIRE DU MONDE
(À L'USAGE DES ÉCOLIERS DE LA PLANÈTE MARS)

Since Adam

and Eve ate

the apple,

DEPUIS QU'ADAM ET ÈVE ONT MANGÉ LA POMME,

man has

never

refrained

from

any

folly

JAMAIS L'HOMME N'A RÉFRÉNÉ LA FOLIE

DONT IL EST CAPABLE.

The End

Bertrand Russell
April, 1960.

ACHEVÉ D'IMPRIMER
DANS L'UNION EUROPÉENNE
POUR LE COMPTE DES ÉDITIONS ALLIA
EN MARS 2011

ISBN : 978-2-84485-396-7
DÉPÔT LÉGAL : MARS 2011